Diese Lektüre soll Ihnen helfen

Ihr persönliches Erscheinungsbild

zu verbessern und

mehr Sicherheit in Ihrem alltäglichen Auftreten

zu bekommen

Vorwort

Durch meine tägliche Arbeit in meinem Beruf als Karrierecoach und Dozent an einer renommierten Bildungseinrichtung
werde ich laufend mit den Problemen bei der Jobsuche in den Bewerbungen konfrontiert.
Auf der einen Seite ist es das Anschreiben das Probleme hervorruft, aber überwiegend höre ich, dass man nach dem Vorstellungsgespräch eine Absage erhielt.

Man beteuert mir oft, sich optimal darauf vorbereitet zu haben, man wusste auf alles eine Antwort und trotzdem wurde versagt.

Nach genauer und intensiver Recherche stellte sich jedoch immer wieder heraus, dass man sich selbst, seine Person, seine Persönlichkeit und sein Profil nicht positiv und nachhaltig im Eindruck hinterließ.

Eine alte Verkäufer-Regel besagt,
verkaufe zuerst dich selbst und dann den Artikel.

Sinngemäß heißt das ja, erst wenn der Interessent Ihnen vertraut, wird er auch dem Angebot vertrauen.
Nun denn, ob sie einen Artikel verkaufen wollen, oder sich selbst in einem Gespräch, muss der Gesprächspartner/Kunde
ein Vertrauen bekommen, um sich positiv zu entscheiden.

Wie es mir immer wieder gelingt, Menschen so zu motivieren, dass sie einen positiven, ja sogar einen überzeugenden Eindruck hinterlassen, möchte ich Ihnen in diesem Buch
erläutern, so dass auch Sie Ihrem Vorhaben näher kommen.

Das Persönlichkeitsprofil

Ist ein Spiegelbild meiner selbst.

Die Persönlichkeit ist die Gesamtstruktur

eines Menschen, der einen besonderen, eigenen und

ausgeprägten

Charakter besitzt.

Das Profil ist wie ein Abdruck,

den ich hinterlasse, er ist das

charakteristisches Erscheinungsbild

eines Menschen

also:

Ihr Persönlichkeits-Profil

Das Persönlichkeitsprofil

Warum ist dieses Thema heutzutage so extrem wichtig ?

Mein gesamtes Auftreten,

ob beim Vorstellungsgespräch oder bei einer

Rede, oder auch im Alltagsgespräch,

lässt immer Rückschlüsse auf meine Person schließen.

Aus diesen Eindrücken wird der Gesprächspartner oder

Zuhörer

auf meine Fähigkeiten und meine

Charaktereigenschaft, sowie meine soziale Kompetenz

hingewiesen.

Ob nun in sprachlicher oder auch in schriftlicher Form.

Machen Sie es richtig

Achte auf deine Gedanken,

denn sie werden Worte.

Achte auf deine Worte,

denn sie werden Handlungen.

Achte auf deine Handlungen,

denn sie werden Gewohnheiten.

Achte auf deine Gewohnheiten,

denn sie werden dein Charakter.

Achte auf deinen Charakter,

denn er wird dein Schicksal."

Charles Reade
(Englischer Schriftsteller)

Bleiben sie immer der Unterhaltung gewachsen

In der Kommunikation, in den täglichen Gesprächen, geht es doch meist darum, sich entweder mitzuteilen oder / und sich dabei so gut wie möglich zu verkaufen.

Verkaufen heißt auch übersetzt: Übereignung oder Veräußerung.

In der Ausführung: wenn wir unsere Worte, unsere Meinungen, unsere Ansichten kommunikativ interessant und überzeugend vorbringen und uns das verstanden, geglaubt oder abgekauft wird, werden diese so zusagen "übereignet".

In der Kommunikation ist es sicherlich auch von Vorteil und vor allem wichtig, wenn Sie hinter ihrer Idee und ihren Ansichten stehen. Aber noch viel wichtiger ist es, auf sein Gesprächspartner einzugehen und ihm richtig zu zuhören.

Versuchen Sie sich doch in die Lage ihres Gegenüber zu versetzen.

Wenn es um ein wichtiges Gespräch geht, setzen Sie sich doch sprichwörtlich mal seine Brille auf, versuchen Sie seine Gedankengänge, seine Ziele, seine Einstellung zu analysieren.

Es ist unabdinglich, mit den Augen des anderen zu sehen....welche Ziele verfolgt mein Gegenüber, welche Argumentationen biete ich, welche Einwände könnte er haben usw......

Eine gute Vorbereitung ist ja bekanntlich schon die halbe Miete.

Je intensiver Sie sich auf das Gespräch vorbereiten, je mehr Sie sich auf ihren Gesprächspartner einstellen, desto sicherer werden Sie auftreten.

Aber bitte denken Sie daran, Kommunikation ist kein Monolog.

Nehmen wir doch im Vergleich unsere lieben Politiker aufs Korn.

Diese, wenn die Wahlen anstehen, mischen sich doch gerne unter das Volk (auch wenn nur vor diesen Ereignissen, da sie ja wiedergewählt werden möchten). In Ihren Auftritten, in ihren Reden, versprechen sie das Blaue vom Himmel herunter. .... Aber eins muss man ihnen lassen, sie reden so überzeugend, so eindrucksvoll und auch authentisch, so dass wir ihnen Glauben schenken.(obwohl wir wissen, dass es nur eine Marketing Strategie ist)

Und das nennt man **"Selbstmarketing "** = *Werbung in eigener Sache!*

Die Überzeugung, die Mimik, die Körperhaltung und die Gestik, mit der richtigen Stimme, die wenn es überzeugend sein soll, kräftiger wird bei den Betonungen und die Sprechpausen so geschickt gewählt sind, dass der Tenor an Bedeutung gewinnt, dann erhält man Aufmerksamkeit .....und auch die Zustimmung.

Ein Tipp von mir:

Reden lernen Sie auch beim Fernsehen. Schauen Sie sich Politikerdebatten, Talkrunden, Diskussions-Debatten, aber auch die Comedy-Auftritte an. Hier lernen Sie den Einsatz der Ernsthaftigkeit, die Sachlichkeit der Kommunikation, und Rhetorik, sowie die Effektivität der Mimik und Gestik kennen.

Wenn Sie sich entschieden, haben etwas in ihrem Leben zu verändern, wenn Sie ihre Visionen realisieren wollen, einen langehegten Gedanken verwirklichen wollen, dann müssen Sie sich gründlich vorbereiten.

Denn ein Gelingen hängt generell von Ihren Vorbereitungen ab.

Immer wieder erlebe ich es, dass Menschen zu mir kommen, um sich einen Rat und Unterstützung bei mir zu holen. Menschen, die sich löblicherweise entschieden haben, etwas in ihrem Leben zu verändern.

Doch ohne eine detaillierte Planung sind sie losgeprescht und schon in den Anfängen ihrer Unternehmung stecken geblieben. Und wie so oft ist diese Enttäuschung der Auslöser des Aufgebens.

Das muss und soll nicht der Fall sein!

So viel tolle Ideen, so viele wertvolle Gedanken und spannende Vorhaben verdienen es, an ihnen zu arbeiten.

Geben Sie nicht auf, holen Sie sich Rat, gehen Sie die Sache von Grund auf richtig an.

Denken Sie auch immer an das Sprichwort:

" in der Ruhe liegt die Kraft"

Denn wer ruhig und besonnen ist, und vor allem wer sich Gedanken im Vorfeld gemacht hat, der wird vorbereitet sein und weniger Enttäuschungen hinnehmen müssen.

Also, hinterfragen Sie, wecken Sie ihre Neugierde in sich, gehen Sie los und tragen Sie alles zusammen, was wichtig ist.

<u>Vergleichen Sie es mit einem Aufsatz den Sie schreiben sollen:</u>

erst kommt die Einleitung...   Vorbereitung auf das Ziel

dann kommt der Hauptteil...   Vorbereitung auf die Kommunikation

und dann der Schluss, der alles entscheidet....... das Marketing

Nachfolgend habe ich ein

" drei-Säulenprogramm"

entwickelt, mit dem Sie all Ihre Vorhaben strukturieren und zur Umsetzung führen können.

1. Ziele

Setzen Sie sich **Ziele**, die Sie auch erreichen können. Achten Sie dabei, dass diese:

- klar sind
- übersichtlich
- überschaubar
- erreichbar
- und vor allem realistisch sind

2. Kommunikation

- strukturieren Sie Ihren Gesprächsaufbau
- bauen Sie eine Beziehung mit dem Gesprächspartner auf
- senden Sie Botschaften
- hören Sie genau und richtig zu
- gehen Sie konstruktiv vor und beeinflussen Sie
- halten Sie Grenzen ein und seien Sie aufmerksam
- setzen Sie die Körpersprache ein (Mimik+Gestik)
- führen Sie Ihre Gespräche mit Erfolgsabsichten
- reden Sie im Klartext und nicht zulange

3. Das Marketing

- Eignen Sie sich eine **Strategie** an,
  „eine klare Vorgehensweise im Ablauf „

" das Selbstmarketing "

- wie verkaufe ich mich richtig.
- seien Sie vor allem überzeugend.
- denken Sie daran, dass Ihr Gesprächsinhalt interessant bleibt.
- bleiben Sie authentisch und verfallen Sie keinesfalls in eine Schauspielerrolle.
- bleiben Sie der, der Sie sind ! Bleiben Sie natürlich und jeder wird Sie verstehen.

„Wer so spricht, dass er verstanden wird, spricht gut."

Molière

Wenn Sie diese Punkte beachten, meistern Sie jedes Ihrer Vorhaben

1 — Zielsetzung

klar

übersichtlich

überschaubar

erreichbar

realistisch

2 — Kommunikation

mein Gesprächs-aufbau

Aufbau von Beziehungen

richtig zuhören

konstruktiv beeinflussen

Grenzen und Aufmerksamkeit

Körpersprache: Mimik & Gestik

Stimme

3 — Mein Marketing

"Strategie"

"Selbstmarketing"

wie verkaufe ich mich (richtig)gut

überzeugend

inhaltlich interessant

authentisch

gelebt

1.1 zu Ziele

Unter Ziele versteht man auch Vorhaben, Unternehmungen oder Planungen. Auch Illusionen, oder gar Träume können zum Ziel oder zu einer fesselnden Idee werden.

Gehen Sie hier ungetrübt von Ihrem Enthusiasmus aus, sehr gründlich vor.

Machen Sie sich Gedanken darüber, ob Ihr Vorhaben Ihnen auch wirklich klar ist, ob es in Ihrer Planung auch überschaubar, so dass Sie die Übersicht behalten.

Prüfen Sie, ob Sie sich nicht zu viel zugemutet haben.

Auch sollte man sich nicht überschätzen und eine Erreichbarkeit sollte auf jeden Fall in Aussicht stehen.

Mein Tipp: zuerst prüfen, dann planen.

Denn viele Vorhaben versickern im Sande, weil sie nicht realistisch geprüft wurden.

Seien Sie Ihr eigener Kritiker und Prüfer, aber auch Ihr Motivator.

Eine Reise von tausend Meilen beginnt mit dem ersten Schritt.

Konfuzius

2.2 zur Kommunikation

Übersetzung:

Kommunikation ist der Austausch oder die Übertragung von Informationen. „Information" ist in diesem Zusammenhang eine zusammenfassende Bezeichnung für Wissen, Erkenntnis oder Erfahrung Verbindung, Mitteilung; Aufnahme und Verarbeitung von Signalen (Informationen) durch Lebewesen

---

Wenn wir die Kommunikation und

die Rhetorik in ihrer Einfachheit und

in ihrer Klarheit erlernen und annehmen,

dann merken wir, wie einfach und

wie verständlich diese ist.

Arthur Schoppenhauer gab einmal zu bedenken:

„Wer klug ist, wird im Gespräch weniger an das denken, worüber er spricht, als an den, mit dem er spricht. Sobald er dies tut, ist er sicher, nichts zu sagen, was er nachher bereut.

In der Kommunikation, in Gesprächen wachsen unsere Ideen, es sammeln sich Eindrücke, es werden Erfahrungen getauscht und neue Erkenntnisse gewonnen.
Worte sind nicht nur Macht....nein Worte erweitern unseren Horizont, sie geben uns Gefühle und Inspiration.

Wer erfolgreich in der Zusammenarbeit sein will, muss vor allem erfolgreich in der Kommunikation sein. Im Alltag scheint Kommunikation so selbstverständlich, so dass wir gar nicht mehr darüber nachdenken, was aus den Inhalten der Gespräche herauskommt. (tun Sie es....denken Sie nach... es lohnt sich!)

GESPRÄCHE UND VERHANDLUNGEN DURCH KLARE AUSSAGEN GEZIELT FÜHREN

Haben Sie sich manchmal gefragt, warum manche Menschen sehr beliebt sind? Oder warum Sie selber für gewisse Menschen Sympathie empfinden, ohne einen erkennbaren Grund zu haben?

Warum werden bestimmte Menschen mehr respektiert als andere? Wie kommt es, dass bei Konflikten die Lösungsvorschläge bestimmter Personen schneller Gehör finden?

Was machen alle diese Leute anders?

Der Schlüssel liegt in der Kommunikation und an ihrer Persönlichkeit.

Die Kommunikation teilt sich auf in zwei Verständigungsmerkmale.

einmal in die **Inhaltsebene** und einmal in die **Beziehungsebene.**

- **Inhaltsebene :** Was ich wörtlich sage !
- **Beziehungsebene :** Was ich Dir gegenüber empfinde!

Zitat von Albert Einstein

Wenn die Menschen nur über das sprächen, was sie begreifen,

dann würde es sehr still auf der Welt sein.

"WER MEINT IN EINEM GESPRÄCH ALS SIEGER HERAUSZUGEHEN, DER HAT EIGENTLICH SCHON VERLOREN."

Hier noch ein Tipp:

"sprechen sie in Bildern"

Oft sind wir in unseren Erklärungen, in unseren Formulierungen zu hastig, wir denken schneller, wie wir es erklären.

Und dadurch, dass wir nur an das denken, was wir sagen wollen und nicht an den denken, mit wem wir sprechen, sind unsere Sätze oft sehr geschmälert.

Dies nennt man auch Ellipsen-Sprache " Die Kunst des Weglassens"

Unsere Zuhörer, unsere Gesprächspartner haben nur teilweise verstanden, was wir sagen...wollen.

Da wir Menschen in Bildern denken, verstehen wir nur das, was wir hören und uns vorstellen können.

Deshalb versuchen Sie immer verständlich mit ihren Mitmenschen zu sprechen.

Schon ein paar Worte mehr und wir werden verstanden.

Auch Ihr Gesprächspartner wird Sie besser verstehen und Ihnen mehr Aufmerksamkeit schenken.

Hier zur Verständigung:

- Ich habe mein Fahrrad unter einem Baum abgestellt.

- Ich habe mein blaues Mountain Bike unter einem großen blühenden Apfelbaum abgestellt.

    In der ungeschmälerten Aussage liegt auch das Verständnis.

WAS SOLLTE ICH BEHERRSCHEN

Grundlagen der Kommunikation

- Verbale und nonverbale Kommunikation
- Kommunikation und Persönlichkeit
- Eigene Stärken und Entwicklungsfelder in der Kommunikation
- Den Kommunikationsstil meines Gesprächspartners erkennen
- Aufbau der Beziehungsebene
- Bewusstes Zuhören
- Durch Fragen Gespräche führen

Die nonverbale Kommunikation verstehen und gezielt anwenden

Eine Sprache die keine ist

Wir Menschen müssen nicht unbedingt die gleiche Sprache sprechen um uns zu verstehen.
Oder haben wir nicht vielleicht schon Verständigungsmöglichkeiten, tief in unserem Unterbewussten, welche es uns ermöglichen, mit anderen Menschen auf verschiedensten Weisen zu interagieren?

Die Pfeiler der nonverbaler Kommunikation

- Blickverhalten

- Gesichtsausdruck (Mimik)

- Körperhaltung und Körperbewegung (Gestik),

- Berührung (Taktilität),

- räumliche Distanz (interpersonaler Raum)

    so wie stimmliche Merkmale (Stimme, Tonfall, Sprechgeschwindigkeit, Betonungen, Pausen etc.).

Blickverhalten: blicken Sie dem Gesprächspartner in die Augen.

Gesichtsausdruck: dieser sollte von Aufmerksamkeit sein und das Interesse wieder spiegeln.

Körperhaltung: stehen und gehen Sie aufrecht. Ihre Bewegungen, Ihre Hände sollen das gesprochen Wort unterstützen.
(aber nicht wild herumfuchteln).

Berührungen: seien Sie damit sehr vorsichtig. Berührungen werden oft falsch verstanden.

räumliche Distanz: halten sie Abstand zu Ihrem Gesprächspartner. Eine Faustregel besagt, nicht näher als einen Meter. (oder eine Armlänge)

Stimme: Ihre Stimme, Ihre Sprechweise sind wertvolle Werkzeuge Ihrer Absichten, Ihrer gesamten Kommunikation.

Gespräche und Verhandlungen durch klare Aussagen gezielt führen

Durch Ihr selbstbewusstes Auftreten, Ihre klaren verständlichen Worte, die von einer vertrauenserweckenden Körperhaltung und Ausstrahlung einher gehen, sind Sie immer den anderen einen Schritt voraus.

Profitieren auch Sie von der Klarheit des Redens und haben Sie wieder Spaß und Freude an Unterhaltungen, in denen Sie gehört, beachtet und auch gewürdigt werden.

Reden zu können hat nichts mit theoretischem Wissen zu tun, sondern nur mit dem ständigen üben oder trainieren.

" reden lernt man durch reden"

> Der eigentliche Zweck des Lernens ist nicht das Wissen, sondern das Handeln.
> Herbert Spencer

Die No Go`s der Kommunikation

- Sich herablassend benehmen, oder trösten
- Den "Psychologen" spielen
- Ironische Bemerkungen machen
- Übertriebene oder unangebrachte Fragen stellen
- Den anderen bedrohen, bedrohliche Äußerungen
- Ungebetene Ratschläge erteilen, den Lehrer spielen
- Informationen zurückhalten (auch Herrschaftswissen genannt)
- Ablenkungsmanöver, bewusstes ausweichen
- Vage sein (ungenau, verschwommen)
- Bewerten (ein Werturteil als Ergebnis)

Diese "Sünden" werden leider jeden Tag begangen.

Diese Verhaltensweisen werden als Sünden bezeichnet, weil sie sehr schnell jegliche Kommunikation verderben.

hier im Detail:

Sich herablassend benehmen oder trösten

Eine andere Form der Überheblichkeit ist, jemanden zu beruhigen, zu bemitleiden oder zu trösten.

Den "Psychologen spielen" oder "etikettieren"

Sie haben sicher schon folgende Kommentare gehört: "Ich glaube, du hast nicht ganz verstanden.

Oder "Dein Problem ist . . . " Du bemühst Dich einfach nicht genügend.

Ironische Bemerkungen machen

Die Ironie ist eine Vortäuschung, eine Verstellung, eine der Wahrheit nicht entsprechende Aussage.

Es ist meistens besser, das zu sagen, was man wirklich meint, anstatt es in eine ironische Bemerkung zu kleiden.

Übertriebene oder unangebrachte Fragen stellen

Niemand hat es gerne, wenn er verhört, geprüft oder "ausgequetscht " wird. Ob es nun eine **offene Frage**, die vollständige Antworten verlangt, oder eine **geschlossene Frage,** die entweder mit "Ja" oder "Nein" bzw. einer kurzen Antwort beantwortet werden können.

Wenn Sie eine Frage stellen, dann sorgen Sie für Blickkontakt und zeigen Sie durch Ihre Körpersprache, dass sie auch bereit sind zuzuhören.

Befehlen

Befehlen bedeutet, eine Anweisung so zu geben, dass dem Gesprächspartner keine Möglichkeit zur Verteidigung oder zur Rechtfertigung bleibt. Durch Ihren Befehl fühlt sich der andere eher gedemütigt. Je nach seiner Position wird er entweder mit einer aggressiven Antwort oder einer Verweigerung reagieren

Den anderen bedrohen

"Wenn Du dies nicht machst . . .!!! " oder "Es wäre besser, wenn . . ."

Bei Drohungen versuchen die Menschen einen Ausweg zu finden, sie sind eventuell eingeschüchtert oder reagieren aggressiv. Vor allem tun sie nicht das, was von ihnen verlangt wird.

Ungebetene Ratschläge erteilen
"Sie sollten . . .", "Sie müssten . . .", "Versuchen Sie auch . . ." oder "ich empfehle Ihnen es so zu machen . . ."

Dies klingt doch nach einer Moralpredigt, einem Vortrag, ja sogar nach einem Aufzwingen.

Wenn sie jedoch unbedingt Ihren Rat vorbringen wollen, dann tun Sie dies mit einer Höflichkeit und einer Bitte.

Vage sein
Ungenaue Äußerungen verunsichern unseren Zuhörer und sind das sinnbildliche Gegenteil einer Überzeugung.

**Mut ist,
die Grenzen zwischen Feigheit und Wagnis zu erkennen.
Mit anderen Worten - den größtmöglichen Schwierigkeiten mit der größtmöglichen Vorsicht zu begegnen.**

Rolf Buck

Informationen zurückhalten

"Nur soviel wie notwendig ". Vielleicht hat diese Haltung früher funktioniert, aber heute müssen Menschen umfassend informiert werden, wenn sie ihre Arbeit richtig machen sollen.

Ablenkungsmanöver

Wenn ein Gespräch zu persönlich oder auch zu eindringlich wird, wird unser Gesprächspartner versuchen vom Thema abzulenken, um sich zu schützen und den Fokus auf andere Themen lenken.

Bewerten
Wenn wir uns ein positives oder negatives Urteil oder eine Bewertung über jemanden erlauben, wie zum Beispiel: "Du musst dich schon stärker engagieren, wenn du weiterkommen willst".

Kriterien für eine erfolgreiche Kommunikation

Hierzu gehört auch, dass Sie sich selbst motivieren können.

Mann nennt dies auch, den eigenen Willen zum E*rfolg.*

Die Innere Motivation = aus sich selbst heraus.

Diese entsteht, wenn Sie Freude an Ihrer Arbeit oder an Ihrem

Vorhaben haben.

Sie brauchen die Fähigkeit, nichts unüberlegtes zu tun.

Ein Stehvermögen an Ausdauer. Sie gehört zu den wichtigsten Faktoren des Erfolgs. Wer zu schnell aufgibt oder resigniert, wird seine Ziele nicht erreichen.

Erkennen von eigenen Fähigkeiten. Wo liegen meine Stärken, was macht mir Spaß und Freude?

Die Umsetzung. Was nützen Ihnen die besten Ideen, wenn Sie sie nicht in die Tat umsetzen. Trauen Sie sich, ansonsten werden diese Ideen oder Einfälle für immer eine dunkle Theorie bleiben.

Die angefangenen Arbeiten auch zu Ende führen. Brechen Sie nicht einfach nach dem ersten Zweifel ab. Führen Sie das Angefangene zu Ende.

Seien Sie verantwortungsbewusst. Denn nur erfolgsorientierte Menschen übernehmen Verantwortung. Auch auftretende Konsequenzen müssen nicht zwangsläufig negativ sein.

Gehen Sie stets nach vorne, ergreifen Sie die Initiative. Haben Sie keine Angst versagen zu können. Auch ein Fehler ist kein Beinbruch, denn aus ihnen lernt man dazu. Sie bringen einen weiter und lassen uns besser werden.

Gewöhnen Sie sich eine konsequente Zeiteinteilung an. Schieben Sie deshalb nichts auf die sogenannte lange Bank. Arbeiten sie nach einem Time System (Zeitsystem). Denn eine strukturierte Zeiteinteilung erzielt in der Arbeit auch ein besseres Ergebnis.

Lernen Sie richtig mit Kritik umzugehen. Denn Kritik muss nicht immer negativ sein. Eine berechtigte Kritik zeigt uns auch Fehler auf, die wir so in unseren zukünftigen Handeln vermeiden können.

(Kritik ist keine Schuldzuweisung)

Haben Sie die Stärke, Schwierigkeiten zu überwinden. Sollten Sie sich mit diesen konfrontiert sehen, dann bleibt Ihnen keine andere Wahl, wie sich ihnen zu stellen und diese zu überwinden. Trennen Sie auch privates und berufliches, so gut Sie nur können.

Sie brauchen auch die Kraft und die Fähigkeit, sich konzentrieren zu können. Erfolg haben Sie dann, wenn es Ihnen gelingt, sich auf das Wesentliche zu konzentrieren. Finden Sie heraus, wie Sie am effektivsten arbeiten können. Stecken *Sie sich dazu einen Rahmen.*

Überschätzen Sie sich auch nicht. Denn zu viel Ehrgeiz kann zu einer Überlastung führen und zwangsläufig auch dann zu einer Demotivation. Sie verpassen Chancen und die Qualität Ihrer Arbeit leidet. Suchen und finden Sie das richtige Maß an Überforderung und Unterforderung.

Finden Sie auch Ihre Stärke sich in der Geduld zu üben.

Denn der Erfolg lässt manchmal lange auf sich warten. Dieses Warten auf Anerkennung lässt uns oft Arbeiten verrichten, die einen schnellen Erfolg bringen und die großen Projekte nach hinten verdrängen. Aber denken Sie daran, dass auch die großen, längerfristigen Projekte auch den großen Erfolg bringen, auch wenn wir länger darauf warten müssen.

Erlernen Sie die Fähigkeit zu unterscheiden, was wichtig und was unwichtig ist.

Konzentrieren Sie sich auf das Wesentliche, ... auf das Gesamte.

Haben Sie immer Ihr Ziel vor Augen.

Der Glaube an die eigene Fähigkeit mit einem vernünftigen Maß an Selbstvertrauen.

Das Selbstwertgefühl wird oft im Alltag in Frage gestellt und so erleiden wir Rückschläge. Daraus resultiert dann der Zweifel an der Aufgabe, an dem Vorhaben. Finden Sie ein gesundes Maß an Selbsteinschätzung und glauben Sie an Ihre Fähigkeiten.

> **Es gibt drei Wege zum klugen Handeln: durch Nachdenken - der Edelste, durch Nachahmen - der Leichteste, durch Erfahrung - der Bitterste.**
>
> **Konfuzius**

3.3 zum Marketing

Für ein gutes Marketing, was ja schlussendlich auch nichts anderes ist wie eine Werbung, brauchen Sie, so wie es in einer effektiven Werbung üblich ist, eine Strategie.

Eine Strategie ist eine " Vorgehensweise " mit System.

Das heißt, ich mache mir Gedanken: Was will ich mit meiner Werbung, mit meinem Marketing, mit meiner **Selbstvermarktung**, erreichen.

Überlegen Sie doch einmal :

jede Werbung geht einer Verkaufshandlung voraus.

Denn ohne Werbung können Sie heute nicht`s mehr oder nur spärlich verkaufen.

Und wenn Sie etwas verkaufen wollen, sei es nun ein Gegenstand, ein Wissen oder sprichwörtlich Sie sich selbst, dann brauchen Sie eine klare Werbung, ein überzeugendes Verkaufsgespräch.

"Sie brauchen eine strukturierte Selbstvermarktung".

Denn nur was Sie überzeugend vermitteln,
wird sich auch erfolg bringend darstellen.

Das wichtigste bei jedem Verkaufsgespräch ist dessen Inhalt.

Dieser Inhalt sollte immer von einer Überzeugung begleitet sein. Da diese sich auf eine gewisse Selbstsicherheit und eine Erfahrung zurückführen lässt.

Je interessanter der Inhalt eines (Verkaufs-) Gespräch ist, desto mehr Aufmerksamkeit kommt beim Interessenten, beim Käufer auf.

Das selbe gilt auch für Sie, wenn Sie sich oder Ihre Arbeitsleistung, Ihr Wissen oder auch nur eine gute Idee verkaufen wollen.

Ihr Gegenüber, der Interessent oder auch vielleicht der neue Arbeitgeber wird in diesem Fall neugierig.

Denn alle haben eines gemeinsam: Alle wollen das Beste, das Interessanteste oder das Vielversprechendste, bekommen oder kaufen.

Und dass, sollten Sie sein !

Doch bei allem Enthusiasmus, verfallen Sie nicht in die Rolle eines Schauspielers. Bleiben Sie authentisch, bleiben Sie der, der Sie sind.

Die vier Prinzipien des Selbstmarketings

1. Konzentrieren Sie sich auf das, was Sie am besten können, gerne machen.
2. Finden Sie den richtigen, den wichtigsten, bzw. wirkungsvollsten Ansatzpunkt heraus, dann lösen sich die Probleme fast wie von selbst.
3. Erkennen Sie einen Engpass, eine Marktlücke.
   Sie müssen einfach wissen, „wem wo was fehlt". Vielleicht liegt der wichtigste Schlüssel zum beruflichen Erfolg in der richtigen Idee bzw. Entscheidung oder Erkenntnis:
4. Setzen Sie Nutzenorientierung vor Gewinnmaximierung.
   Je klarer Sie ein berufliches Ziel vor Augen haben, desto leichter fällt es Ihnen, die notwendigen Entscheidungen zu treffen.

Selbstvermarktung mit Strategie!

Bei einer Bewerbung

In dem Wort Be-Werbung steckt schon drin, worum es eigentlich geht:

richtig, um Werbung.

Sie werben für sich, für Ihre Fähigkeiten, Stärken und um Ihre soziale Kompetenz.

Versetzen Sie sich deshalb doch einmal in die Rolle eines Werbefachmanns, der für ein Produkt eine Kampagne erstellen soll.

Zuerst wird er alle Informationen, die er bekommen kann, über das Produkt einholen. Wo liegen die Stärken, was spricht für, was spricht gegen das Produkt? Welches Image hat es? Wie kommt es auf dem Markt an? Und wie und wo ist es einsetzbar etc.?

Lernen Sie, unternehmerisch zu denken und zu handeln. Betreiben Sie gezieltes Marketing .

Es kommt nicht darauf an, die Zukunft vorherzusagen, sondern auf die Zukunft vorbereitet zu sein.
Perikles

Für eine gute, überzeugende Selbstvermarktung brauchen Sie natürlich auch:

- ✓ ein Überzeugungsvermögen
- ✓ eine Schlagfertigkeit
- ✓ ein Motivierungsvermögen
- ✓ eine Konfliktkompetenz
- ✓ eine Kritikkompetenz
- ✓ ein Einfühlungsvermögen
- ✓ eine konstruktive Lebens- und Zieleinstellung
- ✓ eine Teamfähigkeit
- ✓ eine optimale Körpersprache und die dazu gehörende Ausstrahlung

Überzeugungsvermögen

beschreibt die Fähigkeit, sich in der Auseinandersetzung mit anderen behaupten zu können. Dazu braucht man eine gute Rhetorik und Kommunikation, sowie eine positive Ausstrahlung um den eigenen Standpunkt überzeugend zu präsentieren.

Schlagfertigkeit

Schlagfertigkeit ist die Fähigkeit, auf verbale (sprachliche) Angriffe prompt so zu reagieren
(kontern), dass die persönliche Souveränität trotz des Angriffs gewahrt bleibt. Die Fähigkeit dabei liegt darin, sich nicht provozieren zu lassen.

Motivierungsvermögen als (soziale Kompetenz)

ist die Fähigkeit, sich selbst und andere zu motivieren, d.h. zu Handlungen und Taten zu ermutigen.

Konfliktfähigkeit

hier erkennen Sie die herannahende Spannung von Konflikten und sind in der Lage, diese zu entschärfen.

Kritikfertigkeit

ist mit Kritik richtig umzugehen. Der Aspekt und die Fähigkeit zu haben, Kritik an der Person und der Sache selbst zu akzeptieren und produktiv zu verarbeiten.

Einfühlungsvermögen

ist die Fähigkeit, sich in die Gedanken, Vorstellungen vom Gesprächspartner hineinzuversetzen, um ein Bild von diesem zu bekommen.

Konstruktive Lebenseinstellung

bezeichnet das positive Denken. Ziele werden lösungsorientiert in positiver Weise angegangen.

Teamfähigkeit

ist der verbreitete Oberbegriff für die Bereitschaft und die Fähigkeit, produktiv und konstruktiv mit anderen Menschen in Gruppen zu arbeiten.

> **Das Glück des Lebens besteht nicht darin, wenig oder keine Schwierigkeiten zu haben, sondern diese zu überwinden.**
> Carl Hilty

WAHRNEHMUNG DEUTLICH ERHÖHEN DURCH

Selbsteinschätzung

Fremdeinschätzung

Sinnesschärfe

Sich der Grenzen der Aufmerksamkeit bewusst werden und mental und emotionale Zustände erkennen und optimal damit umgehen.

Die richtige Fragetechnik

Mit gezielten Fragen zeigen Sie Interesse, und Sie erhalten die notwendigen Informationen über das Unternehmen und mögliche Einsatzbereiche. Zudem haben Sie die Möglichkeit, mit geschickten Fragen den Gesprächsverlauf zu steuern. Denn eine alte Regel besagt: Wer fragt, führt das Gespräch. Allerdings gelingt Ihnen das nur, wenn Sie die richtige Fragetechnik einsetzen.

Es lassen sich zwei grundlegende Fragetypen unterscheiden:

Die offene und die geschlossene Frage

Geschlossene Fragen

Geschlossene Fragen beginnen mit einem Tätigkeitswort.

Beispiele:

Haben Sie eine Stelle frei? Kann ich mich bei Ihnen vorstellen?

Solche Fragen können einfach **mit "Ja" oder "Nein"** beantwortet werden. Bei geschlossenen Fragen ist das Gespräch unter Umständen schnell zu Ende, ohne dass Sie etwas erreicht haben.

Offene Fragen

Offene Fragen beginnen mit einem Fragewort

(Wer? Was? Wie? Warum?).

Auf diese Fragen muss man eine ausführliche Antwort geben.

Beispiel:

Welche Fähigkeiten erwarten Sie von einem neuen Mitarbeiter? Um ihren Gesprächspartner zum Reden zu bringen, damit Sie die gewünschten Informationen erhalten, sollten Sie möglichst viele offene Fragen stellen.

Der Ton macht die Musik

Stimme und Sprechweise sind für den Erfolg entscheidend

Mit einer angenehmen, sympathischen Stimme, kann man sogar ungeschickte Antworten wieder wettmachen. Bemühen Sie sich deshalb, mit Ihrer Stimme eine positive Wirkung zu erzielen:

- Sprechen Sie deutlich und so natürlich wie möglich.
- Personen mit einer hohen Stimme sollten versuchen tiefer zu sprechen. Eine tiefere Stimme klingt etwas angenehmer und wirkt zudem ruhig und kompetent.
- Vermeiden Sie eintöniges Sprechen. Modulieren Sie Ihre Stimme durch heben und senken, lauteres und leiseres sprechen.
- Versuchen Sie, sich in Ihrer Sprechweise dem Gesprächspartner anzupassen.
- Machen Sie zwischendurch Pausen, um das Gespräch zu strukturieren und dem Zuhörer das Verstehen zu erleichtern.

Gesprächsablauf

Führen Sie Gespräche nur dann, wenn Sie sich gut fühlen, denn Ihre persönliche Verfassung wirkt sich auf das Gespräch aus. Bemühen Sie sich, von Anfang an einen guten Eindruck zu machen, damit Ihr Gesprächspartner das Gespräch nicht als langweilig oder uninteressant empfindet oder es gar vorschnell beendet.

Bevor Sie in ein Bewerbungsgespräch oder in eine Gesprächsrunde gehen, sollte Sie an sich arbeiten um ein gelungenes und überzeugendes, ja auch ein begeisterndes Auftreten zu erreichen.

........alles fängt mit einer Vorstellung und einer Begrüßung an.

Die Begrüßung

Bei der Begrüßung ist der Blickkontakt, der Händedruck und die Körperhaltung entscheidend für ein optimales Erscheinungsbild.

Die Körpersprache

Ihre Körperhaltung sagt sehr viel über Sie aus. Stehen oder sitzen Sie aufrecht/gerade , aber nicht zu steif (ist respektvoll, ist aufmerksam, man wird wahr genommen)

Die Gestik

Die Gestik unterstreicht sehr wirkungsvoll alles das, was wir sagen. Hier sollen unsere Hände auf natürliche, angemessene Art und Weise das Gesprochene intensivieren.

Die Mimik

Die Mimik lässt unschwer erkennen, ob das was Sie sagen auch so gemeint ist, oder ob Sie auch wirklich hinter dem stehen was Sie sagen.

Doch eines ist das wichtigste ! „ Ein freundliches Lächeln „

Ein freundliches Lächeln lässt eine Situation entschärfen.

„das Eis zum Schmelzen bringen „

Der Blickkontakt

ist ein sehr wichtiger Bestandteil der Kommunikation (und der nonverbalen Kommunikation). Ihr Blick sollte immer auf den Gesprächspartner gerichtet sein. Wenn Sie sich mit mehreren Personen unterhalten, sollten Sie immer alle anschauen. Bei Antworten sollten sie natürlich immer die Person ansehen, die die Frage gestellt hat.

Die Verabschiedung

Die Verabschiedung ist genau so wichtig wie die Begrüßung.

(ja sogar wichtiger wie die Begrüßung, weil hier der **letzte Eindruck** entsteht und das ist der, der im Gedächtnis bleibt)

Auch signalisiert eine korrekte Verabschiedung eine Aufmerksamkeit und zeugt von Respekt.

Die Kleidung

Auch die Kleidung sagt viel über einen Menschen aus.

Informieren Sie sich sicherheitshalber im voraus über den gängigen Dress Code. Kleiden Sie sich weder zu salopp, noch zu elegant!

Das gepflegte Äußere, dazu gehören auch : saubere Schuhe, gepflegte Fingernägel und ordentlich frisierte Haare.

Der erste Eindruck, bevor Sie ein Wort sagen, entsteht rein von Ihrem Erscheinungsbild.

Nur wer seinen eigenen Weg geht, kann von niemanden überholt werden.

Marlon Brando

....

Und wie immer im Leben.....

nicht aufgeben !!!!

" Nur die Übung macht den Meister"

....

„ Aufgeben ist die einfachste Art sich aus der Verantwortung zu ziehen"

Rolf Buck

Empfehlung:

Um sich erfolgreich zu bewerben,

und wirklich nichts dem Zufall zu überlassen

empfehle ich Ihnen mein

Arbeitsheft

„ richtig bewerben „

Literaturnachweis:

ich orientiere mich teilweise mit der Literatur

von Püttjer und Schnierda,

Peter Flume / Wolfgang Mentzel,

sowie weitere Literaturquellen.

Für Ihre Notizen

Für Ihre Notizen

Für Ihre Notizen

Für Ihre Notizen

Bibliografische Information der Deutschen Nationalbibliothek: Die Deutsche Nationalbibliothek verzeichnet diese Publikation in der Deutschen Nationalbibliografie; detaillierte bibliografische Daten sind im Internet über dnb.d-nb.de abrufbar.

TWENTYSIX – Der Self-Publishing-Verlag
Eine Kooperation zwischen der Verlagsgruppe Random House und BoD – Books on Demand

© 2016 Buck, Rolf

Herstellung und Verlag:
BoD – Books on Demand, Norderstedt

ISBN: 978-3-7407-2472-6